Angelika Nette
Meike Hehl

Kunst an Stationen Spezial: Plastisches Gestalten

Handlungsorientierte Materialien für die Klassen 1 bis 4

Die Herausgeber:

Marco Bettner — Rektor als Ausbildungsleiter, Haupt- und Realschullehrer, Referent in der Lehrerfort- und Lehrerweiterbildung, zahlreiche Veröffentlichungen als Autor und Herausgeber

Dr. Erik Dinges — Rektor einer Förderschule für Lernhilfe, Referent in der Lehrerfort- und Lehrerweiterbildung, zahlreiche Veröffentlichungen als Autor und Herausgeber

Die Autorinnen:

Meike Hehl — Grundschullehrerin und Autorin

Angelika Nette — Grundschullehrerin und Autorin

Gedruckt auf umweltbewusst gefertigtem, chlorfrei gebleichtem und alterungsbeständigem Papier.

1. Auflage 2015
Nach den seit 2006 amtlich gültigen Regelungen der Rechtschreibung
© Auer Verlag
AAP Lehrerfachverlage GmbH, Augsburg
Alle Rechte vorbehalten
Das Werk und seine Teile sind urheberrechtlich geschützt. Jede Nutzung in anderen als den gesetzlich zugelassenen Fällen bedarf der vorherigen schriftlichen Einwilligung des Verlages. Hinweis zu § 52 a UrhG: Weder das Werk noch seine Teile dürfen ohne eine solche Einwilligung eingescannt und in ein Netzwerk eingestellt werden. Dies gilt auch für Intranets von Schulen und sonstigen Bildungseinrichtungen.
Illustrationen: Corina Beurenmeister
Satz: Fotosatz H. Buck, Kumhausen
Druck und Bindung: Offset Printing House KOPA
ISBN 978-3-403-**07431**-1

www.auer-verlag.de

Inhalt

Vorwort 4
Einführung 5

Köpfe, Köpfe

Lehrerinformation 6
Materialaufstellung 6

Station 1: Abformen des Gesichtes 9
Station 2: Durchzeichnen 10
Station 3: Abformen von Gesichtsteilen.... 11
Station 4: Zeichnen 12
Station 5: Kopfrelief aus Ton........... 14
Station 6: Kopf aus Ton................. 15
Station 7: Porträt aus Draht 16
Station 8a: Schattenriss 17
Station 8b: Kopf aus Seife 18
Station 9: Alexander Calder 19

Tiere

Lehrerinformation 20
Materialaufstellung 20

Station 1: Grundformen.................. 23
Station 2: Grundformen im Tierkörper 24
Station 3: Ein Tier erfinden............ 25
Station 4: Ein Tier aus Seife........... 26
Station 5: Haut, Fell, Panzer........... 27
Station 6: Plastischer Papierkörper 28
Station 7: Plastische Drahtfigur 29
Station 8: Pablo Picasso................ 30

Insel

Lehrerinformation 31
Materialaufstellung 31

Station 1: Insel-Gedanken 34
Station 2: Land in Sicht!............... 35
Station 3: Mit dem Floß zur Insel 36

Station 4: Insel in der Kiste........... 37
Station 5: Insellexikon................. 38
Station 6: Pflanzen und Behausungen..... 39
Station 7: Menschen und Tiere........... 40
Station 8: Schatzkiste und Schätze 41
Station 9: Flaschenpost 42
Station 10: „Floß" von Fischli/Weiss 43

Hoch hinaus - Türme

Lehrerinformation 44
Materialaufstellung 44

Station 1: Türme, Türme, Türme.......... 46
Station 2: Bauen 47
Station 3: Turmteile bauen 48
Station 4: Fenster und Türen 49
Station 5: Turm-Details................. 50
Station 6: Der rote Turm 51
Station 7: Signalturm der Hoffnung 52

Körperskulpturen

Lehrerinformation 53
Materialaufstellung 53

Station 1: Körperspiel 55
Station 2: Der Künstler Erwin Wurm...... 57
Station 3: One Minute Sculptures........ 58
Station 4: Körper und Gegenstand........ 59
Station 5: Performance 60
Station 6: Dokumentation 61
Station 7: Nachstellen von Skulpturen... 62
Station 8: Puzzle Gliederpuppe 63

Anhang

Laufzettel 65
Abbildungen............................. 66

Vorwort

Bei den vorliegenden Stationsarbeiten handelt es sich um eine Arbeitsform, bei der unterschiedliche Lernvoraussetzungen, unterschiedliche Zugänge und Betrachtungsweisen und unterschiedliche Lern- und Arbeitstempi der Schülerinnen und Schüler* Berücksichtigung finden. Die Grundidee ist, den Schülern einzelne Arbeitsstationen anzubieten, an denen sie gleichzeitig selbstständig arbeiten können. Die Reihenfolge des Bearbeitens der einzelnen Stationen ist dabei ebenso frei wählbar wie das Arbeitstempo und meist auch die Sozialform.
Als dominierende Unterrichtsprinzipien sind bei allen Stationen die Schüler- und Handlungsorientierung aufzuführen. Schülerorientierung meint, dass der Lehrer in den Hintergrund tritt und nicht mehr im Mittelpunkt der Interaktion steht. Er wird zum Beobachter, Berater und Moderator. Seine Aufgabe ist nicht das Strukturieren und Darbieten des Lerngegenstandes in kleinsten Schritten, sondern durch die vorbereiteten Stationen eine Lernatmosphäre zu schaffen, in der Schülerinnen und Schüler sich Unterrichtsinhalte eigenständig erarbeiten bzw. Lerninhalte festigen und vertiefen können.
Handlungsorientierung meint, dass das angebotene Material und die Arbeitsaufträge für sich selbst sprechen. Der Unterrichtsgegenstand und die zu gewinnenden Erkenntnisse werden nicht durch den Lehrer dargeboten, sondern durch die Auseinandersetzung mit dem Material und die eigene Tätigkeit gewonnen und begriffen.

Ziel der Veröffentlichung ist, wie oben angesprochen, das Anknüpfen an unterschiedliche Lernvoraussetzungen der Schülerinnen und Schüler. Jeder einzelne Schüler erhält seinen eigenen Zugang zum inhaltlichen Lernstoff. Die einzelnen Stationen ermöglichen das Lernen nach allen Sinnen bzw. nach den verschiedenen Eingangskanälen. Dabei werden sowohl visuelle (sehorientierte), haptische (fühlorientierte) als auch intellektuelle Lerntypen angesprochen. An dieser Stelle werden auch gleichermaßen die Brunerschen Repräsentationsebenen (enaktiv bzw. handelnd, ikonisch bzw. visuell und symbolisch) mit einbezogen. Aus Ergebnissen der Wissenschaft ist bekannt: Je mehr Eingangskanäle angesprochen werden, umso besser und langfristiger wird Wissen gespeichert und damit umso fester verankert.

Viel Freude und Erfolg mit dem vorliegenden Heft wünschen Ihnen
die Herausgeber

Marco Bettner *Dr. Erik Dinges*

---

* Aufgrund der besseren Lesbarkeit ist in diesem Buch mit Schüler auch immer Schülerin gemeint, ebenso verhält es sich mit Lehrer und Lehrerin etc.

Einführung

In der Grundschule ist der Bereich des plastischen Gestaltens gegenüber dem Bereich des Malens und Zeichnens unterrepräsentiert. Das vorliegende Heft soll Möglichkeiten zum handlungsorientierten und selbstständigen Lernen im Kunstunterricht der Klassen 1 bis 4 eröffnen.

Plastische Materialien üben schon sehr früh einen ganz besonderen Reiz auf Kinder aus. Im Umgang mit ihnen werden wichtige haptische Erfahrung gesammelt und Materialsensibilität sowie räumliche Wahrnehmungsfähigkeit entwickelt.

Auch ohne gesonderten Kunst- oder Werkraum können die Stationsarbeiten im Klassenzimmer durchgeführt werden. Zu achten ist auf Tischunterlagen in Form von Papier, Pappen; Schutzkleidung für die Kinder und eventuell auf das Auslegen des Bodens. Besondere Werkzeuge sind nicht notwendig.

Die Stationen eignen sich für die Einzelarbeit, zur Kleingruppenarbeit oder auch zur Arbeit im Klassenverband. Die einzelnen Stationen können nach Bedarf ausgewählt werden und müssen nicht alle vollständig durchlaufen werden. Bei manchen Aufgabenstellungen bietet es sich an, diese mit der ganzen Gruppe gemeinsam zu bearbeiten.

Die Stationen ersetzen nicht das gemeinsame Gespräch. Dieses ist zu Beginn der Stationsarbeit zur Einführung in das Thema genauso wichtig wie in Reflexionsphasen, um sich über den Arbeitsprozess und die erarbeiteten Werke auszutauschen. Dabei sollten auch die praktischen Arbeiten gegenseitig vorgestellt werden. Bei allen Themen bietet sich als Einführung die „Cluster-Methode" an, die sowohl formale als auch inhaltliche Aspekte des Themas darstellt. Bei der Stationsarbeit geht es um die Erarbeitung von Voraussetzungen und Fähigkeiten, um ein künstlerisches Thema zu bearbeiten.

In jedem Themenbereich wird der Bezug zur Kunstgeschichte hergestellt und Beispiele aus der Kunst aufgezeigt. Begleitend zu den Stationsarbeiten entsteht eine Galerie aus gesammelten und selbst hergestellten Bildern und Objekten zu dem jeweiligen Thema. Diese können als Lernhilfe und Anregung genutzt werden.

Die Lehreranweisungen informieren über das benötigte Material, geben Hilfestellungen für die Umsetzung und geben eine Empfehlung, welche Stationen sich für welche Jahrgangsstufe eignen. Dies kann je nach Lerngruppe variieren.

Viel Freude mit dem vorliegenden Heft und viel Erfolg bei der Umsetzung der Anregungen wünschen Ihnen

die Autorinnen

Angelika Nette *Meike Hehl*

Köpfe, Köpfe

Lehrerinformation

Der menschliche Kopf besteht aus Gesichtsteil und Gehirnteil. Der Gehirnteil ist von einer behaarten Kopfhaut bedeckt. Das Gesicht bildet den menschlichen Ausdruck, die Physiognomie.
Die Darstellung des menschlichen Kopfes ist ein wichtiges Thema in der Kunst. Aus der Beschäftigung mit dem eigenen Kopf kann eine Auseinandersetzung mit dem eigenen Ich entstehen: Was mag ich an mir? Wie sehe ich mich? Wie stelle ich mich dar?
Im Rahmen des Themas „Köpfe, Köpfe" werden die Proportionen und die Anatomie des Kopfes untersucht. Bei der Darstellung der Kinder geht es aber in erster Linie nicht um eine anatomisch richtige und detailgenaue Wiedergabe des Porträts, sondern um den individuellen Ausdruck und die individuelle Formensprache jedes Kindes, die sich im eigenen Werk spiegeln. Dabei ist der gestalterische Prozess von großer Bedeutung.

Kunstgeschichtlicher Zugang:
Alexander Calder: Portrait of a Man, 1928, Messingdraht, 32,5 x 22,2 x 34,2 cm, Calder Foundation, New York; Henry Matisse: Jeanette I–V, 1910-1916, Bronze, Höhe 26-61cm; Arbeiten von Katsura Funakoshi: z. B. The Sky above Babel, 1994, bemaltes Kampferholz, Ahorn, Höhe 90 cm oder: A White Song, 1984, bemaltes Kampferholz, Murmeln, Höhe 77 cm; Alberto Giacometti: Annette IV, 1962, Bronze, Höhe 59 cm; Figuren der Osterinsel, römische Kopfskulpturen, die Köpfe von Franz Xaver Messerschmidt

Vorschläge für Themen im Kunstunterricht:
„Ich", „Mein Freund", „Ich als römische Dame/römischer Herr", „Mein Idol"

Einführung in die Stationen (im Klassenverband)
- **Cluster-Methode** (Plakat): Begriffe zum Thema sammeln
- **Gesicht abtasten**: Die Schüler schließen die Augen und tasten ihr Gesicht ab. Erfahrungsaustausch: Welche Teile des Kopfes schauen hervor? Welche Teile gehen in die Tiefe?
- **Draht biegen**: Einführung in die Technik des Drahtbiegens und Demonstration der Werkzeuge (Zange, Seitenschneider).
- **Umgang mit dem Werkstoff Ton:**
Beim Umgang mit Ton ist es wichtig, dass bei der Bearbeitung keinerlei Luft in den Ton eingeschlossen wird. Diese würde sich sonst beim Brennvorgang ausdehnen und den Ton zersprengen. Daher sollten Tonklumpen vor dem Verarbeiten auf den Tisch „gehauen" werden. Die Hände geben beim Formen Wärme ab. Dies kann die Oberfläche des Tons austrocknen und Risse entstehen lassen. Verhindern lässt sich dies durch das Anfeuchten der Hände beim Arbeiten.

Können Details und Oberflächenstrukturen nicht mit den Händen gestaltet werden, empfiehlt sich der Einsatz von einfachen Werkzeugen wie Stäbchen oder Modellierwerkzeugen. Einzelteile (Frisur, große Nase,…), die angesetzt werden, müssen gut verbunden werden, sonst fallen sie beim Trocknen ab. Dies kann man durch Anritzen der Verbindungsteile und Aufstreichen von „Schlicker" (kleine Tonklümpchen in Wasser tauchen) erreichen. Die Verbindungsstelle sollte gut verstrichen werden.

Materialaufstellung

Station 0: Galerie (Abbildungen und Objekte)
Zu Beginn oder im Verlauf der Stationsarbeit sollten Fotoporträts der Kinder angefertigt werden. Diese können ausgestellt und durch Kunstpostkarten ergänzt werden. Die Porträts werden für Station 7 „Porträt aus Draht" benötigt.

Station 1: Abformen des Gesichtes (Abb. 1)
- Alufolie in Kopfgröße vorgeschnitten (Größe ca. 30 x 25 cm)
- Rückseite vom Bleistift
- geschnittenes Tonpapier (etwa 30 x 40 cm)
- Flüssigkleber

Diese Station sollte in Partnerarbeit durchgeführt werden. Die Alufolie sollte glatt und ohne eine Wabenstruktur sein. Die fertigen Werke können auf einem Tisch oder aufgeklebt auf Passepartout präsentiert werden.
Diese Station eignet sich zum Einsatz in Klasse 1 bis 4.

Station 2: Durchzeichnen (Abb. 2)
- verschiedene nicht zu feste Papiersorten in Größe DIN A4
- verschiedene Stifte (Kreide, Kohle, Grafitstifte, Filzstifte)

Es sollten keine zu spitzen Stifte genommen werden (Verletzungsgefahr). Es bietet sich an, mit verschiedenen Stiften und Papiersorten zu experimentieren. Die unterschiedlichen Ergebnisse werden gemeinsam in der Gruppe reflektiert.
Diese Station eignet sich zum Einsatz in Klasse 1 bis 4.

Station 3: Abformen von Gesichtsteilen (Nase oder Mund)
- Gipsbinden (in ca. 5 x 2 cm große Stücke zugeschnitten, auch kleinere und größere)
- Vaseline
- Schere
- Wassertöpfchen
- Kleiderschutz (z. B. altes Hemd)
- Unterlage für den Tisch

Diese Station kann in Partnerarbeit durchgeführt werden. Hierbei sollten Sie als Lehrkraft unterstützen. Es bietet sich an, die Vorgehensweise und Methodik der Abformung mit der ganzen Klasse durchzuführen.
Diese Station eignet sich zum Einsatz in Klasse 3 und 4.

Station 4: Zeichnen
- Blanko-Blätter in Klassenstärke
- Handspiegel
- Skizze mit der Einteilung des Gesichtes in drei Bereiche.
- Verschiedene Abbildungen von Gesichtern und Gesichtsteilen (z. B. Augen)

Bei dieser Übung sollen die Schüler ein Gefühl für die Proportionen des Gesichtes erhalten. Das Gesicht lässt sich vom Kinn bis zum Haaransatz in drei gleiche Teile gliedern. Der untere Teil reicht bis an die Nase, der mittlere bis zu den Brauen und der obere enthält die Stirn. Die Abbildungen können die Schüler aus Zeitungen und Zeitschriften sammeln.
Diese Station eignet sich zum Einsatz in Klasse 1 bis 4.

Station 5: Kopfrelief aus Ton (Abb. 3)
- Tonplatte (Maße ca. 15 x 10 cm)
- stumpfes Messer
- Zahnstocher zum Modellieren
- Unterlage

Diese Station eignet sich zum Einsatz in Klasse 3 und 4.

Station 6: Kopf aus Ton (Abb. 4)
- Tonklumpen (etwa Faustgröße)
- Zahnstocher zum Modellieren
- Holzsockel (kann man im Baumarkt aus Kanthölzern sägen lassen)
- Nagel und Hammer zum Befestigen auf dem Podest

Für diese Station möglichst weichen, gut formbaren Ton benutzen. Es ist wichtig, dass der Ton zuerst durchgeknetet wird, damit er gleichmäßig beschaffen ist. Nach dem Brennen des Tons können die Köpfe mit einem Nagel auf dem Podest befestigt werden.
Diese Station eignet sich zum Einsatz in Klasse 3 und 4.

Station 7: Porträt aus Draht (Abb. 5)
- Fotoporträts der Kinder (siehe Station 0) evtl. als Kopie
- schwarze Filzstifte
- besonders dünner biegsamer Draht (evtl. unterschiedliche Stärken)
- Eisendraht für das Gerüst (Durchmesser ca. 1–1,5 mm, Länge ca. 30 cm)
- Werkzeug (Zange, Seitenschneider)
- lufttrocknende Modelliermasse, Knete oder Ton für den Sockel

Ein Drahtgestell sollte an der Station als Hilfe vorhanden sein.
Diese Station eignet sich zum Einsatz in Klasse 3 und 4.

Station 8a: Schattenriss (Abb. 6)
- Papier (DIN A3 oder DIN A2)
- weicher Bleistift
- Overheadprojektor
- evtl. Schere
- Malerkreppband

Diese Station eignet sich zum Einsatz in Klasse 3 und 4.

Station 8b: Kopf aus Seife (Abb. 7)
- Seifenstücke
- Küchenmesser ohne Zahnung
- Schattenriss von Station 8a
- Holzsockel (kann man im Baumarkt aus Kanthölzern sägen lassen)
- dünne lange Nägel
- Kneifzange
- Hammer
- Unterlage

Die Schattenrisse (Station 8a) dienen als Vorlage für die Profilzeichnung. Empfehlenswert sind Seifenstücke mit hohem Fettanteil, die beim Bearbeiten nicht splittern. Sehr gut eignet sich eine günstige Kernseife (z. B. Kernseife der Firma „Dalli").
Diese Station eignet sich zum Einsatz in Klasse 3 und 4.

Station 9: Alexander Calder
- Abbildung des Kunstwerkes in Farbkopie (DIN A3) aus dem Internet:
  Alexander Calder, "Porträt of a Man" (1928), Messingdraht, 32,5 x 22,2 x 34,2 cm, Calder Foundation, New York
- Arbeitsblatt in Klassenstärke
- Bleistifte

Diese Station eignet sich zum Einsatz in Klasse 2, 3 und 4.

Station 1 — Abformen des Gesichtes

Partnerarbeit

So wird's gemacht:

Ihr braucht:
- Alufolie
- einen Bleistift
- Tonpapier
- und Kleber

Ihr helft euch gegenseitig.

 ① Jeder nimmt ein Stück der Alufolie.

 ② Lege die Alufolie auf dein Gesicht und drücke sie mit deinen Fingern vorsichtig an.

 ③ Nimm die Alufolie ab und drücke vorsichtig mit einem Bleistift zwei Löcher an die Stelle der Nasenlöcher.

 ④ Lege die Alufolie wieder auf dein Gesicht auf. Dein Partner kann dir dabei helfen.

⑤ Nun drücke die Folie vorsichtig an alle Stellen deines Gesichtes.

 ⑥ Dabei entsteht eine Abformung deines Gesichtes.

 ⑦ Trage auf die Ränder deiner Abformung etwas Flüssigkleber auf und klebe sie auf das Tonpapier. Schreibe deinen Namen darauf.

Station 2 — Durchzeichnen

So wird's gemacht:

Du brauchst:
- unterschiedliche weiche Papiersorten
- verschiedene Stifte (Kreide, Kohle, Grafitstifte...)

① Wähle einen Stift aus.

② Lege das Papier auf dein Gesicht und halte es mit einer Hand an der Stirn fest.

③ Fahre mit dem Stift besondere Teile des Gesichtes (Augenbrauen, Augenhöhle, Nase, Lippen, Kinn usw.) nach.

④ Schreibe den Namen auf dein Blatt.

Station 3 — Abformen von Gesichtsteilen

Partnerarbeit

So wird's gemacht:

Ihr braucht:
- Gipsbinden
- Vaseline
- ein Wassergefäß
- einen Kleiderschutz

Ihr helft euch gegenseitig.

(1) Zieht den Kleiderschutz an.

(2) Wählt aus, was ihr abformen möchtet: Mund oder Nase.

(3) Schneidet die Gipsbinde in mehrere Stücke dieser Größe zu.

(4) Creme die Nase oder den Mund deines Partners dick mit Vaseline ein.

(5) Tauche die Gipsbinde in das Wasser und lege sie auf das ausgewählte Gesichtsteil deines Partners. Streiche sie vorsichtig an.

(6) Das nächste Stück lege etwas versetzt über das erste (nicht Kante an Kante). Streiche es wieder vorsichtig an.

(7) Lege ca. 3–4 Schichten von Gipsbinden auf diese Weise überlappend übereinander und streiche sie vorsichtig an. Dabei entsteht ein warmes Gefühl auf der Haut.

(8) Warte, bis die Abformung etwas angetrocknet ist und sich der Gips nicht mehr verformt und leicht von der Haut lösen lässt (es dauert ca. 10 Minuten).

(9) Nimm vorsichtig den Gips vom Gesicht deines Partners ab und lege ihn zum Austrocknen aus.

Station 4 — Zeichnen

So wird's gemacht:

Du brauchst:
- dieses Arbeitsblatt
- einen Bleistift
- und einen Handspiegel

- Betrachte die Skizze mit der Einteilung des Gesichtes in drei Bereiche. Betrachte auch andere Abbildungen von Gesichtern.

- Betrachte dein Gesicht genau im Spiegel.

- Zeichne dein Gesicht in den Rahmen.

Einteilung des Gesichtes

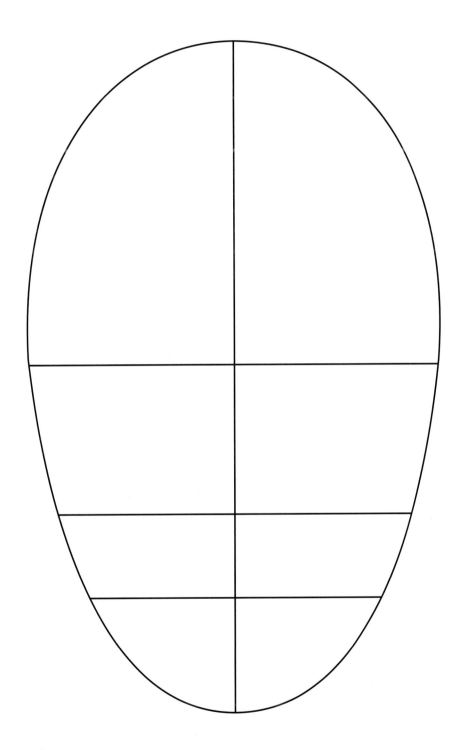

Station 5 — Kopfrelief aus Ton

So wird's gemacht:

Du brauchst:
- eine Platte aus Ton
- und eine Unterlage

(1) Ziehe, drücke und forme die Teile aus der Fläche, die hervorstehen und tieferliegen (Nase, Lippen, Augenbrauen, Wangen).

(2) Den Zahnstocher kannst du zuhilfe nehmen, um die Lippenlinie, die Nasenlöcher und die Augen zu formen.

(3) Lege deine Arbeit zum Trocknen auf eine Unterlage.

Trick für die Augen/Pupille:
Forme ein kleines Kügelchen. Bohre mit einem Zahnstocher ein Loch in die Pupille deines Tonkopfes. Füge das Kügelchen ein und befestige es, indem du mit dem Zahnstocher hineinpiekst.

Station 6 — Kopf aus Ton

So wird's gemacht:

Du brauchst:
- einen Klumpen Ton
- ein Holzpodest
- und einen Zahnstocher

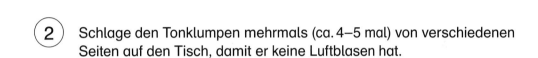

① Knete den Ton zuerst gut.

② Schlage den Tonklumpen mehrmals (ca. 4–5 mal) von verschiedenen Seiten auf den Tisch, damit er keine Luftblasen hat.

③ Forme zuerst einen Kopf mit Hals.

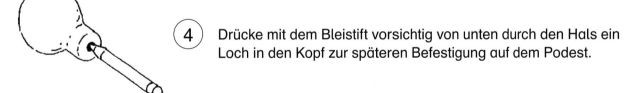

④ Drücke mit dem Bleistift vorsichtig von unten durch den Hals ein Loch in den Kopf zur späteren Befestigung auf dem Podest.

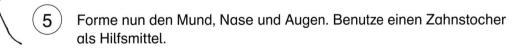

⑤ Forme nun den Mund, Nase und Augen. Benutze einen Zahnstocher als Hilfsmittel.

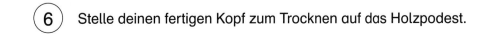

⑥ Stelle deinen fertigen Kopf zum Trocknen auf das Holzpodest.

Station 7 — Porträt aus Draht

So wird's gemacht:

Du brauchst:
- ein Foto deines Porträts (Ansicht von vorne)
- einen schwarzen Filzstift, Draht und Werkzeug (Zange, Seitenschneider)
- Stahldraht
- Modelliermasse (Knete/Ton)

(1) Fahre mit dem Filzstift die wichtigsten Linien deines Porträts **in einer Linie** nach.

(2) Lege und biege nun den Draht entlang dieser Linie. Du kannst auch Linien verändern (z. B. die Nase oder die Augen vergrößern).

(3) Als Gestell nimm dir einen zugeschnittenen dickeren Draht. Forme oben eine Schlaufe und unten eine runde Stellfläche. Forme aus der Modelliermasse einen kleinen Sockel um die Stellfläche.

(4) Hänge deinen Draht-Kopf in die Schlaufe ein.

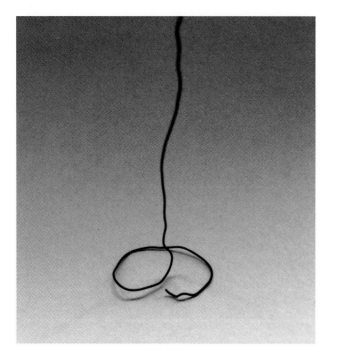

Stellfläche aus Draht

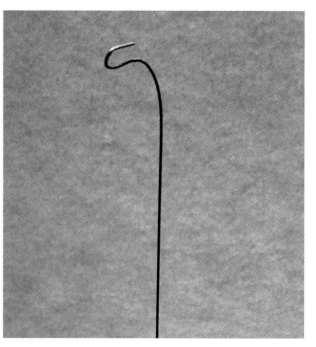

Schlaufe

Station 8a — Schattenriss

So wird's gemacht:

Partnerarbeit

Du brauchst:
- weißes Papier (DIN A3)
- und einen Bleistift

(1) Setze dich mit einem Stuhl vor die Wand.

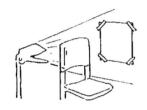

(2) Dein Partner befestigt mit Krepp-Klebeband an der Wand ein weißes Zeichenpapier.
(Achtet darauf, dass das Papier in Höhe deines Kopfes angebracht ist.)

(3) Beleuchtet diese Fläche aus ca. 2 m Entfernung mit einem Overheadprojektor.

(4) Setze dich so nah wie möglich vor das Papier, sodass dein Profil* auf dem Papier zu sehen ist.

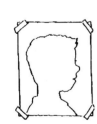

(5) Bitte deinen Partner, den Umriss mit Bleistift nachzufahren.

---
* Gesicht in Seitenansicht

Station 8b — Kopf aus Seife

So wird's gemacht:

Du brauchst:
- ein Seifenstück
- ein Küchenmesser ohne Zahnung
- ein Vierkantholz
- Nägel
- Hammer
- Kneifzange
- deinen Schattenriss (Station 8a)
- und eine Unterlage

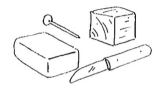

1. Lege den Schattenriss neben dein Seifenstück auf den Tisch.

2. Ritze in das Seifenstück den Umriss deines Kopfes. Nutze die ganze Seifengröße aus.

3. Mit dem Küchenmesser kannst du durch Schnitzen und Schaben das Profil Stück für Stück herausarbeiten. Wenn du möchtest, kannst du auch übertreiben (z. B. deine Nase vergrößern oder dein Kinn spitzer machen).

4. Du musst daran denken, herausragende Teile (Nase, Lippen, Ohren) stehen zu lassen.

5. Die Kanten schabst du mit dem Messer ab. Für Details wie Augen, Ohren, Lippen, Haare kannst du als Werkzeug Nägel oder Ähnliches benutzen.

6. Schlage den Nagel in den Holzsockel ein und zwicke den Kopf mit der Kneifzange ab.

7. Zum Schluss spießt du deine Skulptur vorsichtig mit einer langsamen Drehbewegung auf den Nagel.

Station 9 — Alexander Calder

Der Künstler Alexander Calder wurde 1898 in Amerika geboren. Er ist durch seine Mobiles berühmt geworden. Er hat gerne mit Draht gearbeitet.

Sieh dir den Kopf von Alexander Calder genau an.

Was kann man von dem Kopf sehen? Was kann man nicht sehen?

_____

_____

_____

Zeichne nun selbst ein Kopf-Porträt (Ansicht von vorne bzw. Frontalansicht) aus einer Linie in den Rahmen.

♛-Aufgabe: Suche im Internet weitere Informationen über den Künstler Alexander Calder. Du kannst sie in der Galerie ausstellen.

Tiere

Lehrerinformation

Seit den Anfängen der bildenden Kunst bis zum zeitgenössischen Kunstbetrieb ist das Tier ein Hauptgegenstand der künstlerischen Auseinandersetzung. Auch im Leben der Kinder haben Tiere eine besondere Bedeutung, wie z. B. als Haustier, als Identifikationsfigur oder als Kuscheltier.
„Alle Formen in der Natur lassen sich auf Kugel, Kegel und Zylinder zurückführen." (Paul Cézanne), d. h. alle lebenden Körper setzen sich aus den geometrischen Körpern Kugel, Kegel und Zylinder (Walze) zusammen. Dieses lässt sich auf die plastische Darstellung von Tieren und Menschen anwenden.
Die Fähigkeit, ein Tier erkennbar plastisch darstellen zu können, ermöglicht die Erarbeitung von inhaltlichen Themen.

Kunstgeschichtlicher Zugang:
Pablo Picasso: Mann mit Lamm, 1943, Bronze, 220 x 78 x 72 cm, Paris, Musée Picasso; Pablo Picasso: Die Ziege, 1950, Weidenkorb, Blumentöpfe aus Keramik, Metall, Holz, Pappe und Gips, 120,5 x 72 x 140 cm, Paris Musée Picasso; Pablo Picasso: Stierkopf, Musée Picasso, Paris; 1943, Bronze, 33,5 x 43,5 x 19 cm; Alberto Giacometti, 1951, Bronze, 25 x 81 x 13 cm, Paris, private Sammlung; Katharina Fritsch: Mann und Maus, 1991/92, Polyester, Farbe, 240 x 130 x 85 cm, Düsseldorf, Kunstsammlung Nordrhein-Westfalen; Stephan Balkenhol: 57 Pinguine, 1991, Wawa-Holz, farbig gefasst, je ca. 150 x 35 x 35 cm, Frankfurt am Main, Museum für moderne Kunst; Die Katze der Bastet, 600-500 v. Chr., Bronze, Höhe 20,5 cm, Ägyptisches Museum, SMPK, Berlin

Vorschläge für Themen im Kunstunterricht:
„Ich und mein Tier", „Mein Lieblingstier"

Einfürung in die Stationen (im Klassenverband)
- **Cluster-Methode** (Plakat): Begriffe zum Thema sammeln
- **Umgang mit dem Werkstoff Ton:** Man kann man durch Drücken oder Rollen in der Hand oder auf einer Unterlage Körper in unterschiedlichen Größen formen. Beim Plastizieren von Tieren eignet sich das additive Vorgehen, d. h. die einzelnen Körper werden zu einem Ganzen zusammengesetzt. Dabei ist wichtig, dass beim Arbeiten mit Ton die Elemente gut verbunden werden (durch Verstreichen und „Anschlickern"), damit sie beim Trocknen nicht auseinanderfallen. Das Verbinden durch Verstreichen muss daher immer wieder thematisiert und auch gezeigt werden. Es bietet sich an, die Einführung in die Grundformen des Tierkörpers und die Technik des Verbindens zu Beginn mit der gesamten Klasse durchzuführen.

Materialaufstellung

Station 0: Galerie (Abbildungen und Objekte)

Station 1: Grundformen
- Ton oder anderes plastisches Material, z. B. Knete
- Unterlage
- Blankopapier

Die Ergebnisse sollten gemeinsam betrachtet und auf ihre Formqualität überprüft werden (danach kommen sie wieder in die Materialkiste). Diese Station eignet sich zum Einsatz in Klasse 1 bis 4.

Station 2: Grundformen im Tierkörper
- Bleistift
- Arbeitsblatt in Klassenstärke
- Abbildungen von Tieren

Diese Station eignet sich zum Einsatz in Klasse 2 bis 4.

Station 3: Ein Tier erfinden
- Knete
- Unterlage
- Abbildungen von Tieren

Hier können auch andere plastische Materialien (z. B. Plastilin oder Ton) verwendet werden. Jedoch besteht bei der Verarbeitung mit Ton die Schwierigkeit des schnellen Austrocknens.
Diese Station eignet sich zum Einsatz in Klasse 1 bis 4.
In der 1. Klasse bietet sich an, diese Station im Klassenverband einzuführen und zu bearbeiten.

Station 4: Ein Tier aus Seife (Abb. 8)
- Seifenstücke
- Küchenmesser ohne Zahnung
- Holzsockel (kann man im Baumarkt aus Kanthölzern sägen lassen)
- dünne lange Nägel
- Kneifzange
- Hammer
- Unterlage

Empfehlenswert sind Seifenstücke mit hohem Fettanteil, die beim Bearbeiten nicht splittern. Sehr gut eignet sich eine günstige Kernseife (z. B. Kernseife der Firma „Dalli").
Diese Station eignet sich zum Einsatz in Klasse 3 und 4.

Station 5: Haut, Fell, Panzer
- Knete
- Unterlage
- Zahnstocher
- Abbildungen von Oberflächen

Diese Station eignet sich zum Einsatz in Klasse 1 bis 4.

Station 6: Plastischer Papierkörper (Abb. 9, 10)
- Zeitungspapier
- Malerkreppband
- Tapetenkleister
- Schalen für Kleister
- Reißzwecken, Stecknadeln mit farbigem Glasköpfen

Den Kleister vor dem Unterricht anrühren, da dieser noch quellen muss (Packungsbeilage beachten). Am besten kann er in einem verschließbaren Plastikeimer aufbewahrt werden (kühl gelagert mehrere Tage verwendbar). Für die Herstellung der Körperformen eignen sich folgende Papiergrößen: DIN A3 ergibt eine Eiform (Rumpf) in der Größe ca. 10 x 5 cm. DIN A4 ergibt eine Kugel mit dem Durchmesser von ca. 4 cm oder einen Zylinder (Körper, Hals) in der Größe von ca. 5 x 2 cm. DIN A5 ergibt eine Walze in der Länge von ca. 8 cm. DIN A6 und kleiner ergeben kleine Teile wie Hörner, Höcker, Krallen, Füße.
Diese Station eignet sich zum Einsatz in Klasse 2, 3 und 4.

Station 7: Plastische Drahtfigur (Abb. 11)
- Gartenbindeschnur (Draht mit Softkunststoff)
- Gartenschere
- Zeitungspapier
- Tapetenkleister
- Schalen für Kleister
- Reißzwecken, Stecknadeln mit farbigem Glasköpfen

Die Figur wird mit Gartenbindeschnur geformt und anschließend mit Papier und Kleister aufgebaut. Den Kleister vor dem Unterricht anrühren, da dieser noch quellen muss (Packungsbeilage beachten). Am besten kann er in einem verschließbaren Plastikeimer aufbewahrt werden (kühl gelagert mehrere Tage verwendbar).
Diese Station eignet sich zum Einsatz in Klasse 3 und 4.

Station 8: Pablo Picasso (Abb. 12)
- Abbildung des Kunstwerkes in Farbkopie (DIN A3): Pablo Picasso, „Mann mit Lamm" (1943), Bronze, 220 x 78 x 72 cm, Paris, Musée Picasso
- Arbeitsblatt in Klassenstärke
- Bleistift

Diese Station eignet sich zum Einsatz in Klasse 2, 3 und 4.

Station 1 — Grundformen

So wird's gemacht:

Du brauchst:
- Ton oder Knete
- und eine Unterlage

(1) Forme verschiedene Kugelformen und Walzen.

(2) Versuche sie auf der Unterlage oder in der Hand zu formen.

(3) Welche Tiere könnten aus deinen Körpern entstehen?
Zeichne sie auf.

Station 2 — Grundformen im Tierkörper

Welche Formen entdeckst du in den Tierkörpern? Zeichne sie mit Buntstift ein.

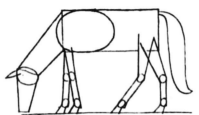

Station 3 — Ein Tier erfinden

So wird's gemacht:

Du brauchst:
- Knete
- und eine Unterlage

(1) Forme zuerst Grundformen (Kugel, Walze).

(2) Erfinde aus den Grundformen verschiedene Tiere mit zwei oder mehr Beinen.

(3) Setze die Grundformen zusammen und verbinde sie gut durch Verreiben an den Verbindungsstellen.

(4) Nun kannst du noch Details wie Fell oder Augen mit dem Zahnstocher einarbeiten.

(5) Welche Tiere hast du erfunden?

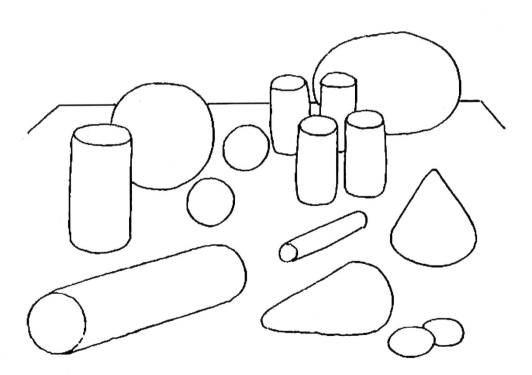

Station 4 — Ein Tier aus Seife

So wird's gemacht:

Du brauchst:
- ein Seifenstück
- ein Küchenmesser ohne Zahnung
- einen Holzsockel
- dünne lange Nägel
- Kneifzange
- Hammer
- und eine Unterlage

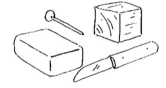

① Ritze in das Seifenstück den Umriss deines Tieres. Nutze die ganze Seifengröße aus.

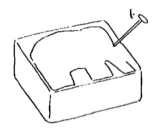

② Mit dem Küchenmesser kannst du durch Schnitzen und Schaben zuerst den Umriss deines Tieres Stück für Stück herausarbeiten.

③ Die Kanten schabst du mit dem Messer ab. Dann wird dein Tier plastisch. Die Beine nicht zu dünn herausarbeiten.

④ Denke an Details wie Augen, Ohren, Schnauze, Schwanz, Fell… Als Werkzeug kannst du hier Nägel benutzen.

⑤ Schlage einen Nagel in den Holzsockel ein und zwicke den Kopf mit der Kneifzange ab.

⑥ Zum Schluss spießt du deine Skulptur vorsichtig mit einer langsamen Drehbewegung auf den Nagel.

Station 5 — Haut, Fell, Panzer

So wird's gemacht:

Du brauchst:
- Knete
- und Zahnstocher

① Forme aus der Knete dünne Platten (ca. 10 x 10 cm).

② Versuche mit dem Zahnstocher verschiedene Körperoberflächen zu gestalten:

Haut
Fell
Panzer

Abbildungen von Oberflächen:

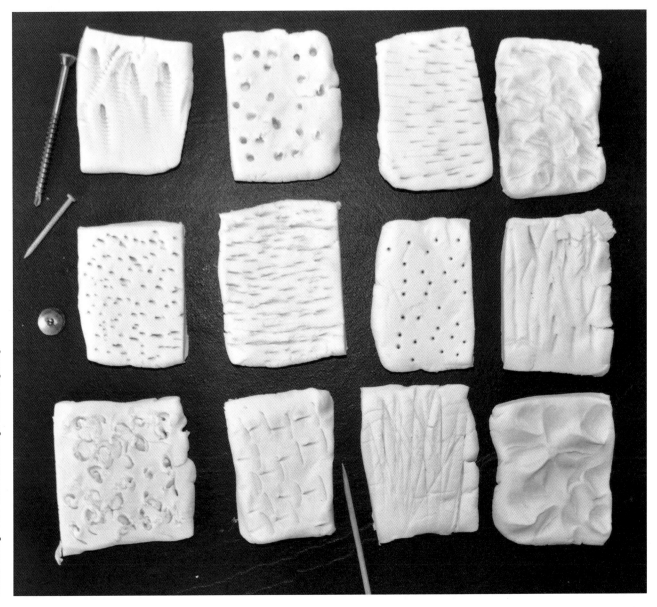

Station 6: Plastischer Papierkörper

So wird's gemacht:

Du brauchst:
- Zeitungspapier
- Malerkreppband
- Tapetenkleister,
- eine Schale für den Kleister
- dünnes Papier
- Reißzwecken
- Stecknadeln

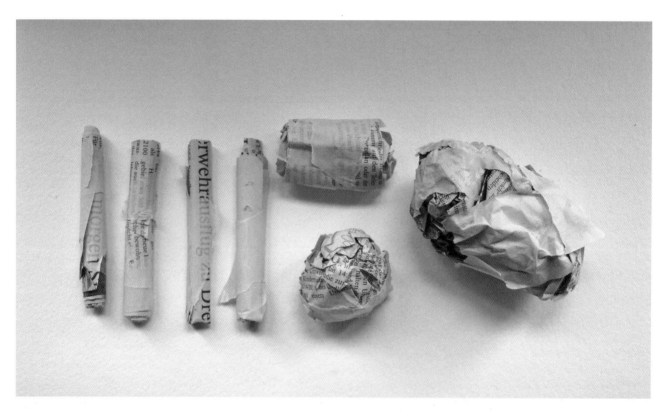

1. Forme durch Zusammenknüllen von Zeitung einzelne Teile des Körpers (Rumpf, Kopf, Beine, Füße, Hals, Ohren, Schwanz und spezifische Einzelteile wie Hörner).

2. Stabilisiere die einzelnen Teile mit Malerkreppband. Dadurch bekommen sie auch eine genauere Form.

3. Verbinde die einzelnen Teile zu einem ganzen Körper.

4. Nun schneide das Zeitungspapier in Streifen. Tauche sie einzeln in den Kleister und streife den überschüssigen Kleister an der Gefäßkante ab. Lege die Streifen auf dein Tier und streiche sie mit dem Finger glatt. Mache es so lange, bis dein ganzes Tier damit bedeckt ist.

5. Lass dein Tier trocknen. Welches Tier hast du geformt?

Nach dem Trocknen kannst du dein Tier mit Wasserfarben anmalen. Für die Augen kannst du Reißzwecken oder Stecknadeln verwenden.

Station 7 — Plastische Drahtfigur

So wird's gemacht:

Du brauchst:
- Gartenbindeschnur
- eine Gartenschere
- Zeitungspapier
- Tapetenkleister
- eine Schale für den Kleister
- Reißzwecken
- Stecknadeln mit farbigen Glasköpfen

(1) Forme mit Stücken aus Gartenbindeschnur ein Tier.

(2) Nun schneide das Zeitungspapier in Streifen. Tauche sie einzeln in den Kleister und streife den überschüssigen Kleister an der Gefäßkante ab. Lege die Streifen in mehrere Schichten auf dein Schnur-Tier und streiche sie mit dem Finger glatt. Überlege, an welchen Stellen du mehr Papier auftragen musst. Für den Kopf kannst du eine kleine Papierkugel in die Drahtschlinge einstecken.

(3) Denke an wichtige Einzelheiten wie Ohren, Schwanz, Tatzen.

Nach dem Trocknen kannst du dein Tier mit Wasserfarben anmalen. Für die Augen kannst du Reißzwecken oder Stecknadeln verwenden.

Station 8 — Pablo Picasso

Pablo Picasso war einer der bedeutendsten Künstler des 20. Jahrhunderts. Die Darstellung von Menschen und Tieren spielte für ihn eine große Rolle. Pablo Picasso schuf zahlreiche Tierplastiken.

Welche Figuren hat er dargestellt?
_____

Was macht der Mann mit dem Lamm? Beschreibe es genau.
_____
_____

Überlege, was vorher geschehen sein könnte.
Warum hält der Mann das Lamm in seinen Armen?
_____
_____
_____
_____
_____

Was fühlt oder denkt der Mann? Was fühlt oder denkt das Lamm?
_____
_____
_____

♛-Aufgabe: Hast du schon mal eine ähnliche Situation erlebt? Schreibe auf.

Insel

Lehrerinformation

Inseln sind von Wasser umgebene Landstücke. Viele Menschen verbinden damit Ferien, Abenteuer oder Fernweh, aber auch Einsamkeit, Rückzug oder Zuflucht.
Das Thema ermöglicht den Schülern, sich mit ihren Wünschen, Bedürfnissen, Sehnsüchten und Ängsten auseinanderzusetzen und sich eigene „Inseln" zu erschaffen.
Das Thema „Insel" biete vielfältige Ansatzpunkte zur Auseinandersetzung:
- Textproduktion („Meine Reise zur Insel", „Inseltagebuch", „Gefahr auf der Insel")
- Literatur (Astrid Lindgren „Pippi im Taka-Tuka-Land", Daniel Defoe „Robinson Crusoe", Janosch „Komm, wir finden einen Schatz", Enid Blyton „Insel der Abenteuer")
- Geografie (Inseln auf dem Globus entdecken)

Kunstgeschichtlicher Zugang:
Peter Fischli und David Weiss: Floß, 1982-83, Polyethylen, bemalter Polyurethanschaum, 500 x 400 x 350 cm; Henri Rousseau (Dschungelbilder): Der Traum, 1910, Leinwand, 204 x 298 cm, New York, Museum of Modern Art; Henri Rousseau: Dschungel am Äquator, 1909, Leinwand, 140,3 x 129,5 cm, Washington (D.C.), National Gallery of Art; William Turner (Meerbilder): Schiffbruch, 1805, Öl auf Leinwand, 170,5 x 241,5 cm, London, Tate Gallery; Morgen nach dem Schiffbruch, 1841, Öl auf Leinwand, 24,5 x 36,2 cm, London, Courtland Institute Galleries; Paul Gauguin (Inselbilder); Anatol: Das Traumschiff Tante Olga, 1977, Polyester, 10 x 3 m, Documenta Kassel/Graf-Bernadotte-Platz, Kassel

Vorschläge für Themen im Kunstunterricht:
Die einzelnen Inseln können eventuell zu einer großen Insellandschaft auf einer „Meeresfläche" im Sinne einer Installation arrangiert werden.

Einführung in die Stationen (im Klassenverband)
- **Cluster-Methode** (Plakat): Begriffe zum Thema sammeln

Materialaufstellung

Station 0: Galerie (Abbildungen und Objekte)
Fundstücke: In den Ferien bietet es sich an, aus dem Urlaub Fundstücke mitzubringen, die am Strand oder im Wald gefunden wurden. Diese kann man gemeinsam sichten. Diese Materialien können später in die Insel eingebaut werden.
Sammelkiste zum Inselbau: Kleine und große Steine, Rinde, Pflanzenteile, Moos usw.

Station 1: Insel-Gedanken
- Arbeitsblatt in Klassenstärke
- Bleistift

Diese Station eignet sich zum Einsatz in Klasse 2, 3 und 4.

Station 2: Land in Sicht!
- Arbeitsblatt in Klassenstärke
- Packpapier (Größe etwa DIN A4)
- Verschiedene Stifte (Bleistift, Buntstift, Kreide, …)

Diese Station eignet sich zum Einsatz in Klasse 1 bis 4.

Station 3: Mit dem Floß zur Insel
Stöcke sammeln und gegebenenfalls sägen
- 6–8 etwa gleich lange Hölzer
- Kordel
- Säge
- Stopfnadel und Garn
- Farbe und Pinsel (Acrylfarbe)

Diese Station eignet sich zum Einsatz in Klasse 2, 3 und 4.

Station 4: Insel in der Kiste (Abb. 13)
- Deckel von Schuhkartons oder andern Kartons (auf Stabilität achten)
- blaue Plastikfolie (Müllsack)
- Sand
- Tapetenkleister
- kleine Gefäße und alte Löffel (zum Mischen von Sand und Kleister)
- geknülltes Zeitungspapier zum Aufbau von Bergen/Hügeln und Malerkreppband zum Stabilisieren
- Kleber
- Schere

Der Tapetenkleister sollte schon angerührt vorhanden sein und am besten in einem verschließbaren Plastikeimer aufbewahrt werden (kühl gelagert mehrere Tage verwendbar). Diese Station eignet sich zum Einsatz in Klasse 1 bis 4.

Station 5: Insellexikon (Abb. 14, 15)
- Blankopapier (DIN A5)
- Blei- und Buntstifte

Es kann ein klasseneigenes Lexikon entstehen oder jedes Kind kann ein eigenes Lexikon erstellen. In einem großen Buchumschlag werden die Lexikonblätter gesammelt und aufbewahrt. Diese Station eignet sich zum Einsatz in Klasse 1 bis 4.

Station 6: Pflanzen und Behausungen
- kleine Ästchen, Pflanzenteile, Rinde
- Packpapier
- Stoff
- Schere
- Knete zum Verbinden bzw. Befestigen der Teile
- dünne Kordel
- Papier (ca. 7 x 5 cm ergibt ein Boot von ca. 5 cm Länge)
- Kleber
- Gartenschere zum Zuschneiden der kleinen Äste

Diese Station eignet sich zum Einsatz in Klasse 1 bis 4.

Station 7: Menschen und Tiere
- Knete oder Modelliermasse
- Zahnstocher

Diese Station eignet sich zum Einsatz in Klasse 1 bis 4.

Station 8: Schatzkiste und Schätze (Abb. 16)
- leere Streichholzschachteln in Klassenstärke
- Packpapier
- Wasserfarben und Pinsel
- Kleber
- Schere
- Alufolie
- kleine Kiesel
- kleine Teile aus den Krimskrams-Sammlungen der Kinder (kleine Knöpfe, kleine Teile, Glitzersachen)

Diese Station eignet sich zum Einsatz in Klasse 1 bis 4.

Station 9: Flaschenpost (Abb. 17)
- verschiedene Flaschen (von den Kindern mitbringen lassen) mit Korken
- Papier
- Schere
- Kleber

Diese Station eignet sich zum Einsatz in Klasse 1 bis 4.

Station 10: „Floß" von Fischli und Weiss (aus dem Internet)
- Abbildung des Kunstwerkes: Peter Fischli und David Weiss, „Floß" (1982–83), Polyethylen, bemalter Polyurethanschaum, 500 x 400 x 350 cm oder als Overheadprojektion und als Kopie in Klassenstärke.
- Arbeitsblatt in Klassenstärke
- Bleistift

Diese Station eignet sich zum Einsatz in Klasse 2, 3 und 4.

Station 1 — Insel-Gedanken

Schreibe deine Gedanken zu deiner Insel auf:

Ich gehe auf meine Insel, wenn _____

_____

Auf meiner Insel kann ich _____

_____

Auf der Insel bin ich am liebsten mit _____

_____

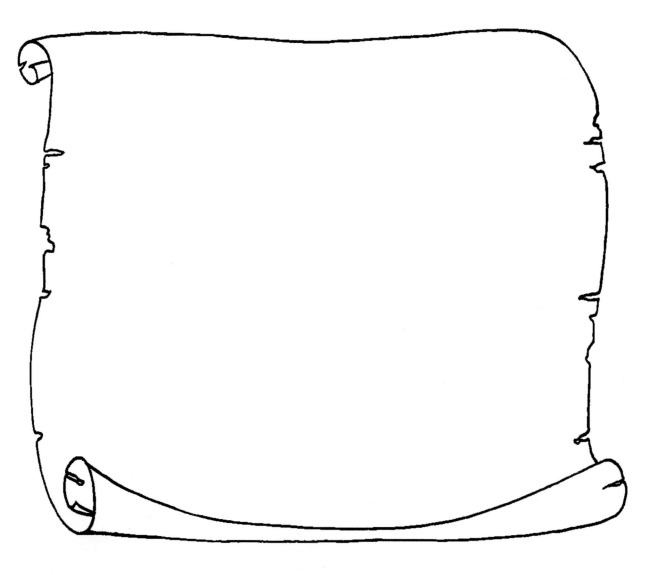

Station 2 — Land in Sicht!

So wird's gemacht:

Du brauchst:
- Packpapier
- verschiedene Stifte

Inselerkundung: Was gibt es da alles? Palmen, Sand, Schätze, Gewässer …

Fertige hier eine Skizze (Zeichnung) deiner Insel an.

Station 3 — Mit dem Floß zur Insel …

So wird ein Floß gebaut: Mach es wie die alten Wikinger, ohne Klebstoff, nur mit Schnüren.

Du brauchst:
- etwa 6–8 gleich lange Holzstöcke
- Kordel
- Bindfaden
- eine Stopfnadel
- ein Stück Stoff (ca. 15 x 15 cm)
- Farbe und Pinsel

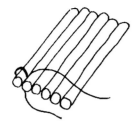

(1) Lege ungefähr 6–8 gleich große Stöcke nebeneinander und umwickle sie auf beiden Seiten mit Kordel. Nach jedem Stock musst du die Kordel wie eine 8 überkreuzen. Wenn du einen Knoten machst, wird dein Floß stabiler.

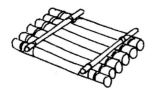

(2) Befestige danach zwei Stöcke quer auf der Unterseite.

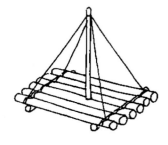

(3) Der Mast wird in die Mitte gestellt, oben mit zwei Fäden umwickelt und an den vier unteren Enden festgeknotet.

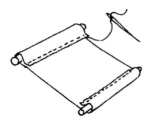

(4) Wickle zwei Stöcke in die zwei gegenüberliegenden Kanten des Stoffstückes und nähe sie fest. Das wird dein Segel.

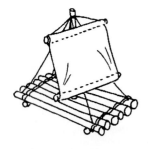

(5) Bemale dein Segel und befestige es an dem Mast. Wie soll dein Floß heißen?
Jetzt kann die Reise losgehen…

Station 4 — Insel in der Kiste

So wird's gemacht:

Du brauchst:
- Pappe (Deckel von Schuhkartons)
- blaue Plastikfolie
- Sand
- Tapetenkleister
- geknülltes Zeitungspapier zum Aufbau von Bergen/Hügeln
- Malerkreppband zum Stabilisieren
- Kleber und Schere

(1) Nimm dir einen Schuhkartondeckel.

(2) Schneide die Plastikfolie so groß zu, dass sie etwa 2–3 cm über deinen Deckel hinausgeht. Befestige die Folie mit ein wenig Kleber im Deckel.

(3) Mische Sand mit etwas Kleister in einem Gefäß und trage die Masse auf die Fläche im Deckel auf. Lasse zum Rand etwas „Meer" stehen.

(4) Forme die Oberfläche: Vertiefungen für Gewässer (Teich, Fluss, Bach), kleine Erhebungen und wenn du möchtest, auch eine Floß-Anlegestelle.

(5) Wenn du Berge haben willst, kannst du geknülltes Papier mit Malerkreppband auf die trockene Fläche kleben und mit Sand und Kleister überziehen. Für Gewässer schneidest du die Plastikfolie passend zu und klebst sie auf die Fläche auf.

Station 5 — Insellexikon

So wird's gemacht:

Du brauchst:
- Papier
- einen Bleistift
- Buntstifte

(1) Auf jedes Blatt schreibst du ein wichtiges Insel-Wort und machst eine Zeichnung dazu. Schreibe und zeichne groß.

(2) Schreibe deinen Namen auf die Rückseite.

(3) Die fertigen Blätter kommen in die Sammelmappe.

Station 6 — Pflanzen und Behausungen

Palme und Pflanzen
Du brauchst kleine Ästchen, Pflanzenteile, Rinde, Packpapier, Stoff, Schere und Knete zum Verbinden bzw. Befestigen der Teile.
Für den Stamm kannst du entweder gerolltes Papier oder kleine Ästchen nehmen. Zweige und Blätter stellst du aus Papier selbst her oder du nimmst Pflanzenteile. Moos kannst du für die Bodenfläche nehmen.

Kleines Floß
Du brauchst kleine Ästchen, dünne Kordel, evtl. Stoff (siehe Station 3).

Kleines Fischerboot
Du brauchst Papier (ca. 7 x 5 cm ergibt ein Boot von ca. 5 cm Länge).
Du faltest ein kleines Schiffchen und schneidest die Spitze ab.

Unterstand, Hütte, Hängematte
Du brauchst kleine Ästchen, Rinde, Stoff, Knete zum Befestigen, Schere und Kleber.
Als Pfeiler für den Unterstand oder die Hütte nimmst du vier kleine Ästchen (gleiche Größe), die du mit Knetkügelchen auf dem Inseluntergrund befestigen kannst. Ein Stück Rinde dient als Dach. Du kannst die Rinde auch für eine Wand nehmen. Du kannst auch ganz andere Materialien verwenden.
Für die Hängematte nimm vier kleine Ästchen und befestige sie auf dem Untergrund. Für die Liegefläche schneidest du einen kleinen Streifen Stoff zu. Die Enden rollst du jeweils um einen kleinen Ast und befestigst sie mit Kleber.

Station 7 — Menschen und Tiere

So wird's gemacht:

Du brauchst:
- Knete oder Modelliermasse
- einen Zahnstocher

① Forme aus Knete kleine Figuren (Menschen, Tiere) für deine Insel. Achte auf die Größe und wichtige Einzelheiten.

② Für Einzelheiten (Augen, Haare) kannst du den Zahnstocher benutzen.

Station 8 — Schatzkiste und Schätze

So wird's gemacht:

Du brauchst:
- für die Schatzkiste eine leere Streichholzschachtel
- Packpapier
- Wasserfarben
- Pinsel
- Kleber und Schere

1. Schneide den Deckel der Streichholzschachtel so auf, dass du deine Kiste öffnen kannst.
2. Beklebe die Kiste mit Packpapier.
3. Wenn du möchtest, bemale oder beschrifte die Kiste.
4. Du kannst die Kiste auch mit einem Schloss oder Schnüren verschließbar machen.
5. In der Kiste kannst du Schätze verstecken.

Du brauchst für die Schätze Alufolie, kleine Kiesel, kleine Teile aus deiner Krimskrams-Sammlung (kleine Knöpfe, Murmeln, Glitzersachen).
Du kannst aus Alufolie kleine Silberteile formen, kleine Kiesel in Folie wickeln oder bemalen. Aus deinem Krimskrams kannst du schöne Dinge auswählen und in deine Kiste legen.

Station 9 — Flaschenpost

So wird's gemacht:

Du brauchst:
- eine leere Flasche mit Korken
- Papier
- Schere
- Kleber

1. Schneide schmale Papierstreifen zu. Du kannst mehrere Streifen zusammenkleben.

2. Schreibe deine Botschaft auf den Papierstreifen. Vergiss nicht, deinen Namen und den Namen deiner Insel aufzuschreiben.

3. Das Ende des Streifens klebst du an den Korken.

4. Führe nun den Streifen in die Flasche ein.

5. Stecke den Korken in die Flaschenöffnung.

Wenn du magst, kannst du die Flaschenöffnung noch mit Kordel oder anders „versiegeln". Du kannst die Flasche von außen auch beschriften oder bekleben.

Station 10 — „Floß" von Fischli und Weiss

Die Künstler Peter Fischli und David Weiss haben das Floß mit einem Sammelsurium von Einzelteilen beladen.

Welche Gegenstände kannst du auf dem Floß erkennen? Schreibe einige auf.

_____
_____

Wofür (welchen Zweck) sind sie wohl gedacht?

_____
_____

Verraten die Gegenstände etwas über die Floßfahrer (was sie vorhaben, was sie gerne machen…)?

_____
_____
_____

Welche Dinge würdest du auf dem Floß mitnehmen? Notiere fünf.

_____
_____
_____
_____
_____

Hoch hinaus – Türme

Lehrerinformation

Türme sind Bauwerke mit kleinen Grundflächen, die sich über ihre Höhe definieren. Schon immer wollten Menschen hoch hinaus bauen. Von Türmen geht eine besondere Faszination aus. Sie können verschiedene Funktionen und Bestimmungen haben und sie sind in verschiedenen Kulturen und Epochen zu finden. Den Kindern bekannt sind Leuchttürme, Burgtürme, Kirchtürme, Hochhäuser. Schon im jungen Alter versuchen sich Kinder im Turmbauen, wie z. B. beim Aufeinanderstapeln von Klötzchen.

Das Thema „Türme" bietet vielfältige Ansatzpunkte zur Auseinandersetzung:
- Textproduktion („Ein Besuch in meinem Turm…", „Turmbewohner")
- Bauen von Türmen mit Naturmaterialien in Anlehnung an Mo Edoga

Kunstgeschichtlicher Zugang:
Giorgio de Chirico „Der rote Turm" (1913), Öl auf Leinwand, 73,5 x 100,5 cm, Peggy Guggenheim Collection, Venedig; Mo Edoga: Signalturm der Hoffnung, 1992, Treibholz und Kunststoffband, Höhe ca. 15 m, documenta Kassel, Pieter Bruegel: Der große Turmbau zu Babel, 1563, Öl auf Holz, 155 x 114 cm, Kunsthistorisches Museum in Wien; Geschlechtertürme in Italien

Vorschläge für Themen im Kunstunterricht:
Jedes Kind baut mithilfe der Stationen sein eigenes Turmgebäude/-gebilde. Alle zusammen können zu einer Installation arrangiert werden („Unsere Stadt der Türme").

Empfehlenswerte Literatur:
Paul Maar: Türme: Ein Sach- und Erzählbuch von berühmten und unbekannten, bemerkenswerten und merkwürdigen Türmen, Oetinger Verlag 1987

Einführung in die Stationen (im Klassenverband)
- **Cluster-Methode** (Plakat): Begriffe zum Thema sammeln
- **Freies Bauen mit unterschiedlichen Materialien**
- **Sammeln und Präsentieren von Abbildungen** (Postkarten, Ausschnitte aus Zeitschriften)
- **Sammeln von Verpackungsmaterial** (Toilettenpapierrollen, Verpackungen, Küchenrollen) zum Turmbau

Materialaufstellung

Station 0: Galerie (Abbildungen und Objekte)

Sammelkiste zum Turmbau: Verpackungsmaterial, Bauklötze, Malerkreppband

Station 1: Türme, Türme, Türme
- Arbeitsblatt in Klassenstärke
- Bleistift
- Buntstifte

Hier sollen die Kinder möglichst viele unterschiedliche Türme (er)finden.
Diese Station eignet sich zum Einsatz in Klasse 1 bis 4.

Station 2: Bauen
- Bauklötze oder zugeschnittene Kanthölzer

Diese Station kann in Einzel- oder Partnerarbeit durchgeführt werden.
Diese Station eignet sich zum Einsatz in Klasse 1 bis 4.

Station 3: Turmteile bauen
- Papier,
- Bleistift,
- Lineal,
- Schere
- Malerkreppband

Diese Station eignet sich zum Einsatz in Klasse 1 bis 4.

Station 4: Fenster und Türen (Abb. 18)
- Verpackungsmaterial (Küchenrollen, Toilettenrollen)
- Filzstift
- Cuttermesser
- kleine, spitze Schere
- Zeitungspapierstreifen
- Tapetenkleister

Das Cuttermesser sollte nur unter Aufsicht benutzt werden (Schneidetisch). Die Technik des Aufschneidens wird von der Lehrkraft demonstriert. Den Kleister vor dem Unterricht anrühren, da dieser noch quellen muss (Packungsbeilage beachten). Am besten kann er in einem verschließbaren Plastikeimer aufbewahrt werden (kühl gelagert mehrere Tage verwendbar).
Diese Station eignet sich zum Einsatz in Klasse 1 bis 4.

Station 5: Turm-Details (Abb. 19)
- dickes Papier
- Schächtelchen (z. B. Streichholzschachteln in verschiedenen Größen)
- Kordel
- Hölzchen
- Malerkreppband
- Kleber
- Schere

Diese Station eignet sich zum Einsatz in Klasse 1 bis 4.

Station 6: Der rote Turm (Abb. 20)
- eine vergrößerte farbige Abbildung des Kunstwerkes von Giorgio de Chirico: „Der rote Turm" (1913), Öl auf Leinwand, 73,5 x 100,5 cm, Peggy Guggenheim Collection, Venedig
- Arbeitsblatt in Klassenstärke
- Bleistift

Diese Station eignet sich zum Einsatz in Klasse 3 und 4.

Station 7: Signalturm der Hoffnung (Abb. 21)
- eine vergrößerte farbige Abbildung des Kunstwerkes von Mo Edoga: Signalturm der Hoffnung, 1992, Treibholz und Kunststoffband, Höhe ca. 15 m, documenta Kassel
- Arbeitsblatt in Klassenstärke
- Bleistift

Diese Station eignet sich zum Einsatz in Klasse 3 und 4.

Station 1 — Türme, Türme, Türme

So wird's gemacht:

Du brauchst:
- Papier
- Bleistift

1) (Er)finde und zeichne mit Bleistiften (gern auf verschiedenen Papieren) unterschiedliche Türme.

2) Hänge deine Ergebnisse an die Präsentationswand (Galerie).

Station 2 — Bauen

Einzel- oder Partnerarbeit

So wird's gemacht:

Du brauchst Bauklötze.

Du sollst verschiedene Türme, Turmgebilde bauen. Wie hoch wird dein Turm?

Station 3 — Turmteile bauen

So wird's gemacht:

Du brauchst:
- Papier
- Bleistift
- Lineal
- Schere
- Malerkreppband

Baue verschiedengroße Würfel, Quader und Walzen. Unten findest du die Bauanleitung. Mit Klebestreifen kannst du die Kanten verbinden.

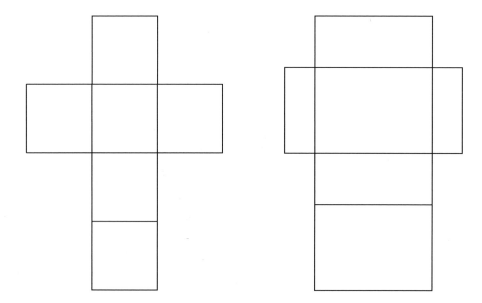

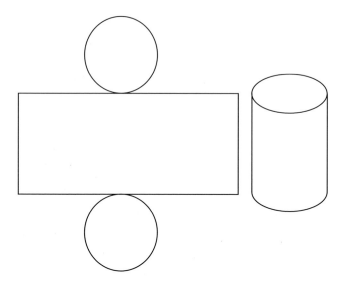

Station 4 — Fenster und Türen

So wird's gemacht:

Du brauchst:
- Verpackungsmaterial (Küchenrollen, Toilettenrollen)
- einen Filzstift
- ein Cuttermesser
- Zeitungspapierstreifen
- Tapetenkleister
- eine kleine, spitze Schere

(1) Zeichne auf die Papprolle Türen, Fenster und Zinnen in verschiedenen Formen.

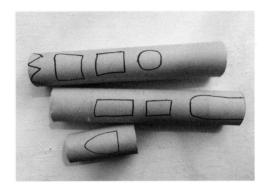

(2) Zuerst stich mit der spitzen Schere oder dem Cuttermesser ein Loch in die Rolle. Dann schneide die Öffnungen mit der Schere aus. Bei den Türen und Fenstern kannst du die Flügel stehen lassen.

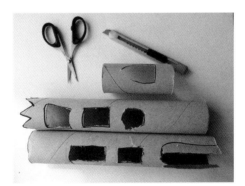

(3) Die Zeitungspapierstreifen durch den Kleister ziehen und den überschüssigen Kleister abstreichen. Die Kanten der Öffnungen mit Papierstreifen bedecken. Gut anstreichen!

Station 5 — Turm-Details

So wird's gemacht:

Balkon
Du brauchst dickes Papier oder ein Schächtelchen, Malerkreppband und eine Schere.

Für den Balkon steckst du ein Schächtelchen in eine Öffnung deines Turmes und befestigst es mit kleinen Klebestreifen.

Treppe
Du brauchst dickes Papier, Malerkreppband und eine Schere.
Schneide das Papier in lange Streifen und falte es zu einer Ziehharmonika. Befestige deine Treppe mit Klebestreifen an einer Öffnung des Turmes.

Strickleiter
Du brauchst dünne Kordel, Ästchen oder Streichhölzer.
Verknote die Tritte (die Ästchen) an beiden Seiten mit Kordel. Befestige sie mit Klebestreifen an einer Öffnung des Turmes.
Vielleicht fallen dir noch andere Einzelheiten ein.

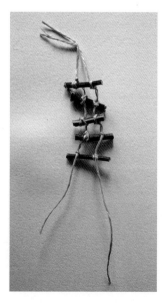

Station 6 — Der rote Turm

Der Künstler Giorgio de Chirico hat oft Plätze gemalt. Dabei hat er realistische Dinge gemalt, aber sie so verändert, wie sie in Wirklichkeit nicht vorkommen. Dadurch wirken sie wie eine Theaterbühne, geheimnisvoll und wie im Traum. Schau dir das Bild „Der rote Turm" von Giorgio de Chirico an. Stell dir vor, du befindest dich auf diesem Platz.

Was siehst du? Beschreibe genau.

_____

_____

_____

_____

Wo sind die Menschen? Beschreibe Sie.

_____

_____

_____

_____

Was empfindest du, wenn du das Bild betrachtest? Welche Stimmung fühlst du?

_____

_____

_____

_____

_____

_____

Station 7 — Signalturm der Hoffnung

Der Künstler Mo Edoga konstruiert aus Holz, das er an Flussufern findet, und anderen Holzresten Kunstwerke.

So hat er auch den „Signalturm der Hoffnung" 1992 gebaut. Während der Kunstausstellung „documenta" in Kassel hat er an dem Turm weitergebaut. Er wuchs immer höher und höher. Er ist so stabil, dass man auf ihm klettern kann. Das Bauen ist für Mo Edoga Kunst. Dabei ordnet er seine Gedanken.
Schau dir die Abbildung des Turmes an.

Hast du eine Idee, warum Mo Edogas Werk „Signalturm der Hoffnung" heißt?

_____
_____
_____
_____

Was bedeutet für dich Hoffnung? Beschreibe.

_____
_____
_____
_____
_____
_____
_____
_____

Körperskulpturen

Lehrerinformation

Körper und Körpergestik sind häufig Thema der bildenden Kunst und der Performance-Kunst. Im täglichen Leben nehmen wir Körpergestik und -sprache wahr, deuten und reagieren auf sie.
Die eigene Erfahrung, dass man sich mit Körpergestik und -zeichen (z. B. „Hinzeigen", „Abwehrgesten", „Lächeln") ohne Sprache ausdrücken und sich äußern kann, ist eine Voraussetzung für den Prozess des bewussten Einsatzes von Körpersprache (Gesten und Mimik).
Der österreichische Gegenwartskünstler Erwin Wurm (geb. 1954) arbeitet in seinen „One Minute Sculptures" (Eine-Minute-Skulpturen) mit dem menschlichen Körper. In seinen Werken geht es oftmals um Körperbeherrschung und -balance. Bei den „Eine-Minute-Skulpturen" führen z. B. Passanten auf der Straße oder Museumsbesucher eine bestimmte von ihm erdachte und erprobte Stellung für eine Minute aus, z. B. auf mehreren Orangen liegen. Die „One Minute Sculptures" verschaffen den Akteuren eine besondere Körpererfahrung und –wahrnehmung. Da diese Aktionen durch Vergänglichkeit, durch den Moment gekennzeichnet sind, werden sie mittels Fotografie und Video festgehalten. In den Stationen vollziehen die Schüler die Arbeitsweise des Künstlers und seine Intentionen beim Betrachter / Ausführenden nach.
Im Anschluss an die Stationsarbeit bietet sich eine **Performance-Vorführung** und **Fotoausstellung** als Präsentation an.

Kunstgeschichtlicher Zugang:
Erwin Wurm: One-Minute-Sculptures; Auguste Rodin: Der Denker, 1880, Bronze, Höhe 70cm, New York, The Metropolitan Museum of Art;

Einführung in die Stationen (im Klassenverband)
- **Cluster-Methode** (Plakat): Begriffe zum Thema sammeln
- **Körperbewegungsspiel:** Einzelne Körperteile werden auf die Beweglichkeit hin untersucht und benannt. Dies kann auch in Form eines Spieles erfolgen (einzelne Kinder geben Handlungsanweisungen, z. B. „Hebe deinen rechten Arm.")
- **Körperausdruck:** Einzelne Gefühlszustände nachstellen, deuten und genaues Benennen der Körperstellung und Mimik („Erschrecken": Augen aufreißen, Mund geöffnet).
- **Werke von Erwin Wurm** vorstellen (Foto oder Video).
- **Sammeln** von verschiedenen geeigneten Materialien (Plastikflaschen, Holzlöffel, Bälle).

Materialaufstellung

Station 0: Galerie (Abbildungen und Objekte)

Station 1: Körperspiel
- Kärtchen (Kopiervorlage)

Diese Station wird in Partnerarbeit durchgeführt. Jeweils ein Kind zieht ein Kärtchen und stellt den dort genannten Ausdruck ohne Sprache dar. Der Partner muss den Ausdruck deuten. Danach wird gewechselt.
Diese Station eignet sich zum Einsatz in Klasse 2, 3 und 4.

Station 2: Der Künstler Erwin Wurm (Abb. 22)
- Verschiedene Abbildungen der „One Minute Sculptures" von Erwin Wurm
- Arbeitsblatt in Klassenstärke

Für die Abbildungen Werke auswählen, die Kinder in der Schule nachstellen können. Während der Unterrichtseinheit sollten diese an einer Wand oder Tafel präsentiert werden, sodass die Kinder sie dort jederzeit betrachten können. Die Werke regen zum Gespräch oder Nachstellen an. Gemeinsam kann reflektiert werden, was die „One Minute Sculptures" zu Kunstwerken macht.
Diese Station eignet sich zum Einsatz in Klasse 3 und 4.

Station 3: One Minute Sculptures (Abb. 23, 24)
- verschiedene Materialien wie Orangen, Plastikflaschen, Stifte, Luftballons
- Zeitmesser für den Zeitraum von einer Minute (Uhren, Sanduhren)

Diese Station sollte in Partnerarbeit ausgeführt werden.
Diese Station eignet sich zum Einsatz in Klasse 2, 3 und 4.

Station 4: Handlungsanweisung
- verschiedene Materialien wie Orangen, Plastikflaschen, Stifte, Luftballons
- Zeitmesser für den Zeitraum von einer Minute (Uhren, Sanduhren)
- Papier
- Bleistifte, Buntstifte

Diese Station sollte in Partnerarbeit ausgeführt werden.
Diese Station eignet sich zum Einsatz in Klasse 3 und 4.

Station 5: Performance
- verschiedene Materialien wie Orangen, Plastikflaschen, Stifte, Luftballons
- Zeitmesser für den Zeitraum von einer Minute (Uhren, Sanduhren)

Diese Station sollte in Partnerarbeit ausgeführt werden.
Diese Station eignet sich zum Einsatz in Klasse 3 und 4.

Station 6: Dokumentation
- Fotoapparat
- Zeitmesser für den Zeitraum von einer Minute (Uhren, Sanduhren)

Diese Station sollte in Partnerarbeit ausgeführt werden.
Diese Station eignet sich zum Einsatz in Klasse 3 und 4.

Station 7: Nachstellen von Skulpturen (Abb. 25)
- eine vergrößerte farbige Abbildung des Kunstwerkes von Auguste Rodin: Der Denker, 1880-1882, Bronze, Höhe 72 cm, Musée Rodin, Paris
- Arbeitsblatt in Klassenstärke
- Bleistift

Diese Station eignet sich zum Einsatz in Klasse 3 und 4.
Die Ergebnisse können fotografisch dokumentiert werden. Diese Station sollte in Partnerarbeit ausgeführt werden.
Diese Station eignet sich zum Einsatz in Klasse 3 und 4.

Station 8: Puzzle Gliederpuppe
- Arbeitsblatt in Klassenstärke (Kopiervorlage)

Diese Station eignet sich zum Einsatz in Klasse 2, 3 und 4.

Station 1 — Körperspiel

Partnerarbeit

So wird's gemacht:

Ihr braucht die Spiel-Kärtchen mit der Beschreibung von Gefühlen.

① Ein Partner zieht ein Kärtchen und stellt den genannten Ausdruck dar. Er darf keine Sprache und keine Töne verwenden.

② Der andere versucht den Ausdruck zu erkennen und zu benennen.

③ Danach wird getauscht.

④ Das Spiel ist zu Ende, wenn alle Karten bearbeitet wurden.

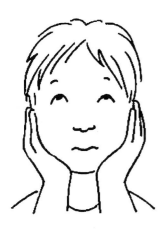  

Du bist sehr traurig. Du kannst deine Hände vor dein Gesicht legen, weil du weinst, deinen Kopf nach unten neigen…	**Du bist wütend, richtig sauer.** Du kannst die Fäuste ballen, mit einem Bein stampfen, deine Arme verschränken …
Du lachst dich kaputt. **Es war so witzig.** Deine Schultern wackeln, du lachst (ohne Töne)…	**Du bist begeistert.** **Du hast ein Tor geschossen.** Du reißt die Arme in die Höhe, springst hoch, in deinem Gesicht sieht man Begeisterung …
Du bist ganz schüchtern. **Du sollst vor der ganzen Schule ein Gedicht aufsagen.** Du schaust nach unten in eine andere Richtung, du machst dich klein, du weißt nicht, wohin du mit deinen Armen sollst…	**Du bist gelangweilt und hast keine Lust.** Du gähnst, du verdrehst die Augen, deine Schultern hängen herunter…
Du hast große Angst. **Du hörst ein Geräusch im Dunkeln.** Du schaust dich um, reißt die Augen und den Mund auf…	**Du erschreckst jemanden.** Du schleichst langsam auf deinen Partner zu, du machst eine schnelle Handbewegung auf deinen Partner zu, du tippst ihm auf die Schulter…

Station 2 — Der Künstler Erwin Wurm

Der Künstler Erwin Wurm hat die sogenannten „One Minute Sculptures" (Eine-Minuten-Skulpturen) erfunden. Dabei lässt er Passanten auf der Straße oder Museumsbesucher bestimmte Gegenstände halten oder bestimmte Positionen mit ihrem Körper einnehmen. Dies legt er vorher genau fest. Dies ist nicht nur lustig, sondern die Menschen sollen dabei auch etwas über ihren Körper erfahren.

Schau dir die Bilder des Künstlers Erwin Wurm an.

Kennst du ähnliche Situationen auch im Alltag (etwas balancieren, lange eine bestimmt Körperhaltung einnehmen)? Notiere sie.

Station 3 — One Minute Sculptures

Partnerarbeit

So wird's gemacht:

Ihr braucht verschiedene Materialien (z. B. Plastikflaschen, Stifte), Zeitmesser.

1. Probiert zuerst verschiedene Handlungsmöglichkeiten mit den Materialien aus.

2. Erfindet dann selbst eine „One Minute Sculpture". Achtet darauf, den Zeitraum von einer Minute einzuhalten.

3. Probiert eure Idee zunächst selbst aus und dann mit anderen Personen.

Was fühlt und denkt ihr beim Vergehen der Zeit?
Tauscht euch mit eurem Partner darüber aus und notiert eure Gedanken.

Station 4 — Körper und Gegenstand

Erwin Wurm macht Skizzen zu seinen „One Minute Sculptures". Traut ihr euch, das nachzumachen?

Partnerarbeit

So wird's gemacht:

Ihr braucht verschiedene Materialien (z.B. Plastikflaschen, Stifte), Zeitmesser.

1. Probiert zuerst verschiedene Handlungsmöglichkeiten mit den Materialien aus.

2. Erfindet dann selbst eine „One Minute Sculpture". Achtet darauf, den Zeitraum von einer Minute einzuhalten.

3. Probiert die Idee zunächst selbst aus.

4. Danach schreibt oder zeichnet eine Handlungsanweisung für eure „One Minute Sculpture". Denkt daran, die Positionen der Akteure und der Gegenstände genau zu zeichnen oder aufzuschreiben.

5. Nun sollen andere Personen eure „One Minute Sculpture" mit euer Anweisung umsetzen. Schaut, ob eure Anweisung genau ist.

Station 5 — Performance

Partnerarbeit

So wird's gemacht:

Ihr braucht:
- verschiedene Materialien (z. B. Plastikflaschen, Stifte)
- Zeitmesser

1. Probiert zuerst verschiedene Handlungsmöglichkeiten mit den Materialien aus.

2. Erfindet dann selbst eine Aktion mit den Materialien, die ihr der Klasse präsentiert. Sucht euch auch einen geeigneten Ort dafür (z. B. Flur, Schulhof). Sie sollte nicht länger als eine Minute dauern.

3. Probt eure Aktion, bevor ihr sie vor der Klasse präsentiert.

Station 6 — Dokumentation

Partnerarbeit

So wird's gemacht:

Ihr braucht:
- verschiedene Materialien (z. B. Plastikflaschen, Stifte)
- Zeitmesser

1. Probiert zuerst verschiedene Handlungsmöglichkeiten mit den Materialien aus.

2. Erfindet dann selbst eine „One Minute Sculpture". Achtet darauf, den Zeitraum von einer Minute einzuhalten.

3. Probiert die Idee zunächst selbst aus.

4. Dann bittet euren Lehrer, eure „One Minute Sculpture" per Foto festzuhalten.

Station 7 — Nachstellen von Skulpturen

Partnerarbeit

So wird's gemacht:

Ihr braucht einen Bleistift zum Schreiben.

① Schaut euch die Skulptur „Der Denker" von Auguste Rodin genau an.

② Setze dich genauso hin wie der Denker.

③ Dein Partner hilft dir, indem er die Haltung deines Kopfes, deiner Arme, deiner Beine usw. überprüft und vielleicht korrigiert.

Was meinst du, was könnte der Denker denken? Sind es schöne, fröhliche, traurige… Gedanken?

Station 8 — Puzzle Gliederpuppe

So wird's gemacht:

Du brauchst das Puzzle der Gliederpuppe und eine Schere.

① Schneide die Puzzleteile sehr genau aus.

② Setze die Teile richtig zusammen und klebe sie auf ein Blatt. Arbeite genau!

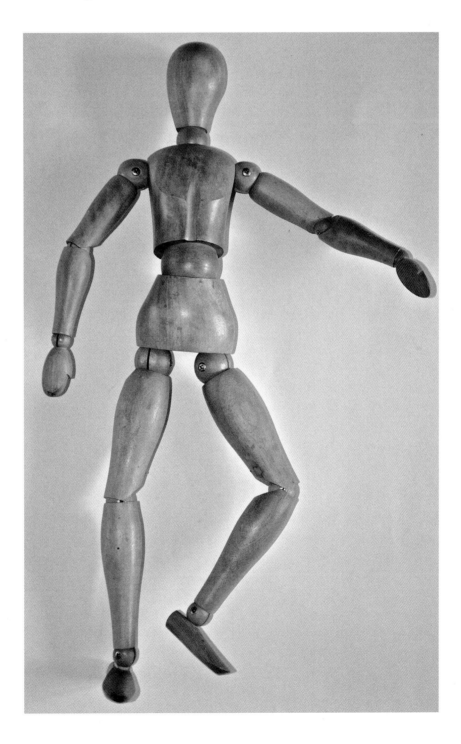

Puzzle Gliederpuppe

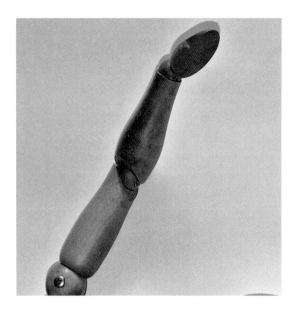

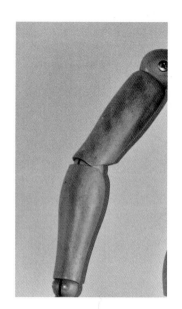

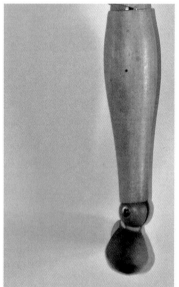

Laufzettel

für _____

PFLICHTSTATIONEN

Stationsnummer	Erledigt am	Kontrolliert am
Nummer _____		
Nummer _____		
Nummer _____		
Nummer _____		
Nummer _____		
Nummer _____		
Nummer _____		

WAHLSTATIONEN

Stationsnummer	Erledigt am	Kontrolliert am
Nummer _____		
Nummer _____		
Nummer _____		
Nummer _____		

Abbildungen

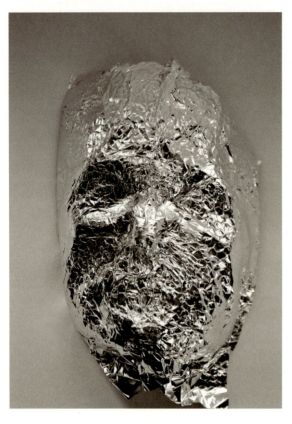

Abb. 1 Abformen des Gesichtes

Abb. 2 Durchzeichnen

Abb. 3 Kopfrelief aus Ton

Abb. 4 Kopf aus Ton

Abb. 6 Schattenriss

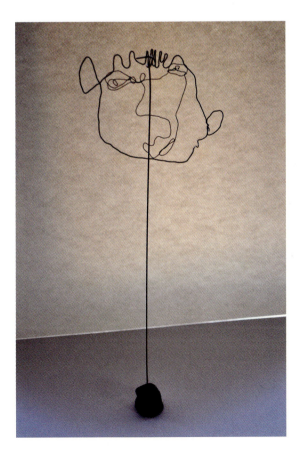

Abb. 5 Porträt nach Calder

Abb. 7 Kopf aus Seife

Abb. 8 Ein Tier aus Seife

Abb. 9 Plastische Papierkörper

Abb. 10 Plastische Papierkörper

Abb. 11 Plastische Drahtfigur

Abb. 12 Pablo Picasso: Mann mit Lamm, 1943
© Succession Picasso / VG Bild-Kunst, Bonn 2015

Abb. 13 Insel in der Kiste

Abb. 14 Insellexikon

Abb. 15 Insellexikon

Abb. 16 Schatzkiste und Schätze

Abb. 17 Flaschenpost

Abb. 18 Fenster und Türen

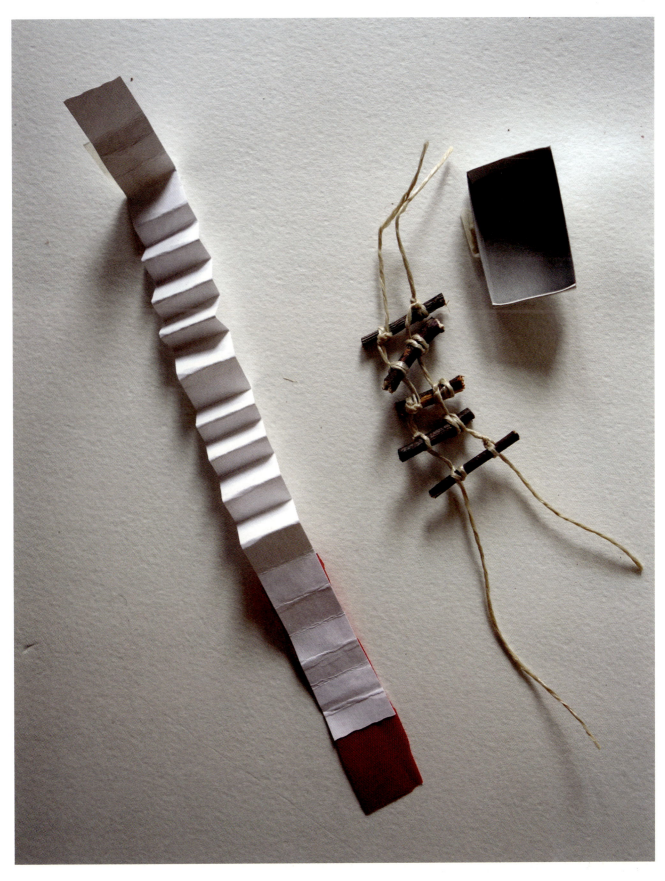

Abb. 19 Turm-Details

Abb. 20 Giorgio de Chirico: Der rote Turm, 1913, Öl auf Leinwand, München
© VG Bild-Kunst, Bonn 2015

Abb. 21 Mo Edoga: Signalturm der Hoffnung, 1992
Mannheim/Kassel, © VG Bild-Kunst, Bonn 2015

Abb. 22 Erwin Wurm: One Minute Sculptures. o. J., © VG Bild-Kunst, Bonn 2015

Abb. 23 One Minute Sculptures

77

Abb. 24 One Minute Sculptures

Abb. 25 Auguste Rodin: Der Denker, 1880
fotolia # 81866817/© Urheber: wjarek

Auer empfieh...

Die optimale Ergänzung zu diesem Buch:

76 S., DIN A4
▸ Best-Nr. 07467

Christiane Dettmar, Kerstin Neumann

Gemeinschaftsarbeiten im Kunstunterricht Kl. 1-4

8 kreative, praxiserprobte Projekte für die Grundschule

▸ Im Team zum tollen Ergebnis!

Individuelle Gestaltung macht Spaß! Noch mehr Freude haben die Schülerinnen und Schüler in Ihrem Kunstunterricht in der Grundschule, wenn die Produkte ihrer selbstständig-produktiven Erarbeitung sich zu einem großen Ganzen zusammenfügen. Dieser Band liefert Ihnen tolle Ideen für Gemeinschaftsarbeiten im Kunstunterricht.
Ob Blick in die Tiefsee, Wetter oder Ritterburgen auf dem Schulhof - bei den vorgestellten Projekten ist jeder einzelne Schülerbeitrag wichtig, denn er ist Teil eines Gesamtkonzeptes. Dies motiviert und fördert außerdem die Fähigkeit Ihrer Schüler zur Teamarbeit.
Der Aufbau des Bandes ist übersichtlich gestaltet. Sie erhalten eine genaue Beschreibung des Themas, und die Schüler werden mit leicht verständlichen Anleitungen und Materialangaben ausgestattet. Weiterhin enthalten Sie verschiedene Kopiervorlagen, die Sie als Planungshilfen nutzen können.

Dieser Band enthält:

▸ 8 Vorschläge für Gemeinschaftsarbeiten | farbige Lehrer- und Schülerarbeiten aus der Praxis | Kopiervorlagen als Planungshilfen

WWW.AUER-VERLA...
WEBSERV...
www.auer-verlag.de/
07467

Blättern im Buch

Download

Leseprobe

Weitere Titel zu dem Thema:

Jennifer Gisbertz
Grundwissen Kunstdidaktik
Fundierter, praxisorientierter Einblick in kunstdidaktische Konzeptionen!
88 S., 16,5 x 23,5 cm
▸ Best-Nr. 04097

Jill Norris
Die Welt im Klassenzimmer
Reizvolle Gestaltungsideen aus fünf Kontinenten!
80 S., DIN A4
▸ Best-Nr. 06150

Silvia Klumpf
Kunstunterricht i... Jahreskreis
Mit 30 Unterrichtseinh... durch das 1. Schuljahr!
96 S., DIN A4
▸ Best-Nr. 07667

Bestellschein (bitte kopieren und faxen/senden)

Ja, bitte senden Sie mir gegen Rechnung:

Anzahl	Best.-Nr.	Kurztitel
	07467	Gemeinschaftsarbeiten im Kunstunterricht Kl. 1-4
	04097	Grundwissen Kunstdidaktik
	06150	Die Welt im Klassenzimmer
	07667	Kunstunterricht im Jahreskreis

☐ Ja, ich möchte per E-Mail über Neuerscheinungen und wichtige Termine informiert werden.

E-Mail-Adresse

Auer Verlag
Postfach 10 11 54
86159 Augsburg

Fax: 0821 / 5 99 77 99-...
oder einfach anrufen:
Tel.: 0821/ 5 99 77 99–0
(Mo-Do 8:00-16:00 & Fr 8:00-12:00)
E-Mail: info@auer-verlag....

Aktionsnummer: 906...

Absender:

Vorname, Nachname

Straße, Hausnummer

PLZ, Ort

Datum, Unterschrift